Inhaltsverzeichnis

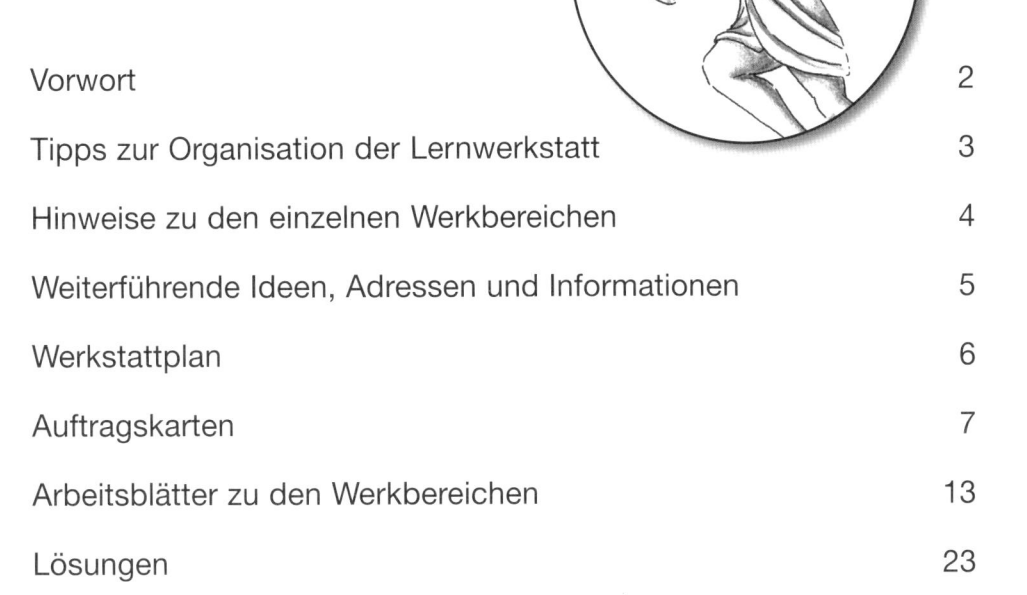

Vorwort	2
Tipps zur Organisation der Lernwerkstatt	3
Hinweise zu den einzelnen Werkbereichen	4
Weiterführende Ideen, Adressen und Informationen	5
Werkstattplan	6
Auftragskarten	7
Arbeitsblätter zu den Werkbereichen	13
Lösungen	23

Vorwort

Liebe Kolleginnen, liebe Kollegen,

die heutige Welt der Kinder ist digitalisierter und globaler denn je. Trotz der immensen Entwicklung im technischen Bereich der Kommunikation sind der Brief und die E-Mail nach wie vor weit verbreitete Methoden, um Nachrichten zu übermitteln. Insbesondere Kinder freuen sich, wenn sie einen Brief, ein Päckchen oder ein Paket erhalten.

Ziel dieser Lernwerkstatt ist es, den Schülern[1] ein Basiswissen über die Geschichte und Aufgaben der Post[2] zu vermitteln. Die Schüler sollen ein Verständnis dafür bekommen, dass die heutige Schnelligkeit der Nachrichtenübermittlung nicht selbstverständlich ist und sich im Lauf der Zeit erst entwickelt hat.

Das vorliegende Material erhebt nicht den Anspruch, den Schülern sämtliche geschichtliche Details und Entwicklungsschritte im Einzelnen näherzubringen, sondern dient dazu, einen groben historischen Abriss über die Nachrichtenübermittlung der Post zu geben. Geschichtlich betrachtet ist die Methode des „Briefeschreibens" sehr interessant, da seit Generationen Briefe per Post verschickt werden. Bei der Deutschen Post DHL Group handelt es sich um ein weltweit führendes Post- und Logistikunternehmen mit insgesamt über 500.000 Mitarbeitern in den verschiedensten Ländern. Es gibt aber auch viele kleinere Paketdienstanbieter oder Speditionen, die kleinformatige Sendungen transportieren. Ebenso werden folgende Begriffe synonym verwendet: Briefträger, Briefzusteller und Postbote. Die korrekte Berufsbezeichnung lautet: Fachmann/Fachfrau für Briefzustellung, Kurier-, Express- und Postdienstleistungen. Die Hauptaufgabe dieser Fachkräfte ist die Zustellung von Briefen und Paketen, welche sie mit Hilfe verschiedener Transportfahrzeuge wie Karre, Fahrrad oder Auto ausliefern. Da diese Fachkräfte heute auch beim Sortieren von Sendungen und im Verkauf am Kundendienstschalter eingesetzt werden, ist ihr Arbeitsbereich deutlich vielfältiger als früher.

Weitere Beispiele für neue Entwicklungen und Aufgabenbereiche sind z. B. die Internetmarke, Packstation, Handyporto, Plusbrief individuell, Stampit, GoGreen Klimaschutz, Briefmarken mit Duft, E-Postbrief und Vernetzung über Ebay. Für die Lernwerkstatt „Post früher und heute" war eine didaktische Reduzierung notwendig, wobei diese Themen selbstverständlich gerne weiterführend angesprochen werden können.

An dieser Stelle möchte ich ausdrücklich darauf hinweisen, dass die Arbeitsmaterialien vor jedem Einsatz auf ihre Aktualität hin überprüft werden müssen.

Dieser Band lässt sich gut mit der Lernwerkstatt „Brief, E-Mail und Co" kombinieren und ergänzen.

Ich wünsche Ihnen und Ihren Schülern viel Spaß!

Ihre Melanie Scheidweiler

[1] Der Einfachheit halber wird nur die männliche Form verwendet, es sind jedoch beide Geschlechter angesprochen.

[2] Die Bezeichnung des Unternehmens unterliegt einem ständigen Wandel, wie Deutsche Post, Deutsche Post AG, Deutsche Post DHL Group. In dieser Lernwerkstatt wird der Einfachheit halber der Begriff „Post" verwendet. Gemeint ist damit im Übertragenen Sinn das Unternehmen, welches für die Brief- und Paketzustellung zuständig ist.

Tipps zur Organisation der Lernwerkstatt

Lernwerkstattarbeit in offenen Unterrichtsformen

Im Gegensatz zum Frontalunterricht zeichnet sich offener Unterricht dadurch aus, dass die Schüler selbstständig aus einem breit aufgestellten Lernangebot zu einem vorgegebenen Thema ihren Interessen, Fähigkeiten, Fertigkeiten und Leistungen entsprechend Aufgaben bearbeiten. Alle Schüler arbeiten nicht zum selben Zeitpunkt im selben Tempo an derselben Aufgabe. Differenzierung und Individualisierung finden innerhalb dieser strukturierten Offenheit statt, sodass die inter- und intraindividuellen Unterschiede stark berücksichtigt werden, was aufgrund der aktuellen Situation im Schulwesen wichtiger denn je ist. Damit die Schüler Selbst-, Sozial-, Sach- und Methodenkompetenz erwerben können, muss ihnen die Gelegenheit zum Ausprobieren, Kooperieren, Kommunizieren und Reflektieren gegeben werden.

Die Aufgabe der Lehrkraft bezieht sich nicht mehr nur auf die Vermittlung des Fachwissens, sondern besteht darin, das Lernen der Kinder zu begleiten, sie zu beraten und ihnen individuelle Unterstützung zu bieten.

Tipps zur Unterrichtsorganisation

Vorbereitung:
- Die Auftragskarten kopieren, ausschneiden und auf farbiges Papier (DIN A4 / A5) kleben. DIN A4: Das Papier in der Mitte auf DIN A5 falten, sodass die Auftragskarte steht. DIN A5: Das Papier laminieren oder in Klarsichthülle stecken.
- Die Arbeitsblätter zunächst in halber Klassenstärke kopieren (ggf. nachkopieren).
- Den Werkstattplan für jeden Schüler kopieren und gegebenenfalls individuell abändern.

Vorab sollten verbindliche Verhaltensregeln besprochen und schriftlich festgehalten werden (z. B. leise im Raum sein; sich eine andere Aufgabe suchen, wenn die gewünschte gerade nicht frei ist; Material sorgfältig zurücklegen usw.). Weiterhin ist ein ritualisierter Stundenablauf in offenen Unterrichtsformen sehr empfehlenswert. Zu Beginn der Stunde bietet es sich an, an die Regeln zu erinnern, einzelne Aufgaben zu erklären oder zu besprechen. Für die Gruppenarbeit bieten sich unterschiedliche Methoden wie Mind-Map, Table-Set-Methode, Gestaltung eines Plakates oder Ähnliches an. Am Ende sollte ebenfalls eine gemeinsame Reflexionsrunde stattfinden. Diese gemeinsamen Gesprächsphasen dienen dem gedanklichen Austausch und regen zur Diskussion an.

Werkstattplan und Auftragskarten

Nach einer gemeinsamen Einführung in das Thema wählen die Schüler das Lernangebot, die Reihenfolge der Aufgaben und die Sozialform anhand ihres Werkstattplans selbstständig aus und entscheiden, wie viel Zeit sie benötigen. Für jede Station ist die optimale Sozialform auf der Auftragskarte vorgegeben, sie kann aber situationsbedingt abgeändert werden. (☺ = Einzelarbeit, ☺☺ = Partnerarbeit, ☺☺☺ = Gruppenarbeit). Die Blankokarte kann für weitere Ideen genutzt werden (z. B. das Aufschreiben von Post-Wörtern).

Hinweise zu den einzelnen Werkbereichen

Zu Werkbereich 2: „Posthorn, Postillion und Briefträger", S. 15
Das Puzzle auf dickes Papier kopieren, laminieren, die Teile ausschneiden und in einer Schachtel bereitstellen.

Zu Werkbereich 3: „Die Post – ein wichtiger Nachrichtenübermittler", S. 16
Arbeitsblatt „Die Post – ein wichtiger Nachrichtenübermittler" auf DIN A3 hochkopieren; evtl. Bücher bereitlegen oder Computer (Internet) vorbereiten.
Die Schüler sollen eine Mind-Map erstellen. Eine Mind-Map ist eine Gedankenkarte, die beim Ordnen von Informationen hilft. Das Thema steht in der Mitte. Außen stehen verschiedene Oberbegriffe zu diesem Thema und jeweils darunter die Stichpunkte zu den Oberbegriffen. Das Thema und die Oberbegriffe sind oftmals eingekreist. Zu jedem Oberbegriff können unterschiedlich viele Stichpunkte aufgeführt werden.

Zu Werkbereich 5: „Berufsalltag – Schaltermitarbeiter und Briefzusteller", S. 18
Die Kärtchen auf dickes Papier kopieren, laminieren, ausschneiden und in einer Schachtel bereitstellen. Als Differenzierung für schwächere Schüler (Briefzusteller = leicht, Schaltermitarbeiter = schwer) bietet es sich hier an, vor dem Laminieren alle Verben zu unterstreichen.

Zu Werkbereich 8: „Der Weg eines Briefes", S. 21
Scheren und Klebestifte bereitstellen

Zu Werkbereich 9: „Briefgeheimnis und Briefsiegel", S. 11
Bastelunterlage, Knete und verschiedene Metallstücke, Münzen, Knöpfe, Stempel oder Ähnliches in einer Schachtel bereitstellen.

Zu Werkbereich 11: „Briefmarken und Poststempel – Forscheraufgabe", S. 12
Eine Ausstellungswand in der Klasse vorbereiten (z. B. Pinnwand, Tafel oder Ähnliches).

Weiterführende Ideen, Adressen und Informationen

Lieder:
- Frau Krause trägt die Post heute aus (Gertrud Neumann)
- Hoch auf dem gelben Wagen (deutsches Volkslied)
- Posthorn Serenade (Mozart)
- Return to sender (Elvis Presley)
- Trara, die Post ist da (deutsches Volkslied)

Weitere Informationen:
Die Internetseite *www.deutschepost.de* informiert sehr übersichtlich über alle Bereiche der Deutschen Post AG / DHL Group.
Verschiedene Formulare (Portotabellen, Versandscheine, Format-Schablonen usw.) und Informationsbroschüren lassen sich in jeder größeren Postfiliale kostenlos besorgen.
www.wasistwas.de (Suchbegriff „Post", „Brief" oder „Briefmarke" eingeben)

Museen
An dieser Stelle sind lediglich große Museen aufgeführt. Es gibt noch viele kleinere, regionale Postmuseen bzw. Museen, die sich mit Postgeschichte, Fernmeldetechnik und Kommunikation beschäftigen. Die Museen bieten neben attraktiven Ausstellungen auch Veranstaltungen und Führungen.

- **Archiv für Philatelie,** Robert-Schuman-Platz 3, 53175 Bonn, 0228-18 51 50
- **Deutsches Museum München,** Museumsinsel 1, 80538 München, 089-217 91
- **Fernmeldemuseum Aachen,** Am Gut Wolf 9a (3), 52070 Aachen, 0241-919 11 48
- **Museum für Kommunikation,** Leipziger Straße 16, 10117 Berlin-Mitte, 030-20 29 40
- **Museum für Kommunikation,** Schaumainkai 53 (Museumsufer), 60596 Frankfurt, 069-606 00 / Abteilung: Sammlungsdepot in Heusenstamm, Philipp-Reis-Straße 4 – 8, 63150 Heusenstamm, 06104-497 70
- **Museum für Kommunikation (im Verkehrsmuseum),** Lessingstraße 6, 90443 Nürnberg, 0911-2308885
- **BSW Museum für Fernmeldetechnik Stuttgart,** *www.fernmeldemuseum-stuttgart.de*

Werkstattplan: Post früher und heute

von _____

Nr.	Werkstatt-Angebot	bearbeitet am	Unterschrift
1	Briefzustellung früher und heute		
2	Posthorn, Postillion und Briefträger		
3	Die Post – ein wichtiger Nachrichtenübermittler		
4	Tätigkeiten bei der Post und der Beruf des Postboten		
5	Berufsalltag – Schaltermitarbeiter und Briefzusteller		
6	Im Postgebäude		
7	Der Briefkasten und der Weg dahin		
8	Der Weg eines Briefes		
9	Briefgeheimnis und Briefsiegel		
10	Geburt der Briefmarke		
11	Briefmarken und Poststempel – Forscheraufgabe		

 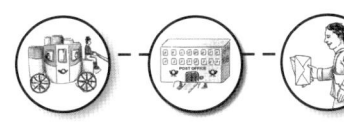 

Briefzustellung früher und heute

Anderen Menschen etwas mitzuteilen, ist nicht erst ein Bedürfnis der heutigen Zeit. Das gab es schon immer. Doch wie konnten die Menschen früher jemandem eine Nachricht zukommen lassen, der weiter entfernt war? Autos und Flugzeuge gab es noch nicht. Woher kommt das Wort „Post"? Warum hat die Post die Farbe Gelb? Seit wann gibt es Briefträger?

Bearbeite den Lückentext.

 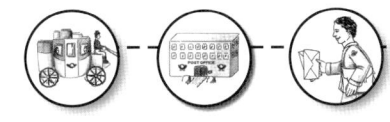 

Posthorn, Postillion und Briefträger

Das Symbol der Post ist das Posthorn. Früher wurde kurz einige Male in das Horn gestoßen. Dieses Signal genügte, damit dem Postillion (Postkutscher) Stadttore geöffnet wurden und andere Kutschen und Reiter auswichen. Boten und Postillione waren früher für die Briefzustellung zuständig, heute sind es Briefträger.

Lege die Puzzleteile so zusammen, dass sie ein Rechteck ergeben. Auf dem Bild erkennst du Menschen, die für die Postzustellung zuständig waren oder sind, und das Posthorn früher und heute.

  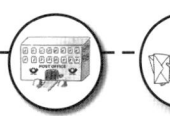    

Die Post – ein wichtiger Nachrichtenübermittler

Die Post gibt es nicht nur in Deutschland, sondern überall auf der Welt. Unabhängig vom Land ist die Hauptaufgabe der Post, Nachrichten zu übermitteln.

Um dieses bedeutende Unternehmen näher kennenzulernen, kann man eine Mind-Map anlegen. Eine Mind-Map ist eine Möglichkeit, seine Gedanken zu einem Thema geordnet aufzuschreiben.

Benutzt das Arbeitsblatt oder gestaltet eine eigene Mind-Map.

  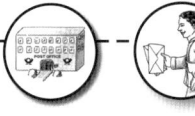 

Tätigkeiten bei der Post und der Beruf des Postboten

Bei der Post gibt es täglich rund um die Uhr sehr viel zu tun. Welche Tätigkeiten es gibt und wie interessant der Beruf des Postboten sein kann, erfährst du, wenn du das Arbeitsblatt „Tätigkeiten bei der Post und der Beruf des Postboten" bearbeitest.

Berufsalltag – Schaltermitarbeiter und Briefzusteller

Bei der Deutschen Post AG arbeiten sehr viele Menschen. Weltweit sind hier ungefähr eine halbe Million Mitarbeiter beschäftigt. Es gibt viele verschiedene Aufgaben. Die Tagesabläufe sind sehr unterschiedlich.

Wenn ihr die Kärtchen richtig sortiert, erfahrt ihr etwas über den Berufsalltag eines Schaltermitarbeiters und eines Briefzustellers. Schreibt anschließend alle Verben von einem Tagesablauf in der Grundform (Infinitiv) in euer Heft.
Schreibt so: betritt – betreten

Legt hinterher die Kärtchen wieder in die Schachtel.

Im Postgebäude

Im Postgebäude gibt es viel zu tun. Im Schalterbereich können Briefe, Päckchen und Pakete aufgegeben oder abgeholt, Briefmarken oder Briefumschläge gekauft oder Postleitzahlen nachgeschaut werden.
Im Briefzentrum werden die Sendungen gestempelt, nach Ländern und Städten sortiert und auf Lastwagen verladen. Doch nicht immer läuft alles glatt, manchmal passieren Fehler.

Der Briefkasten und der Weg dahin

Obwohl Postsendungen schon seit sehr vielen Jahren befördert werden, wurden die Briefkästen erst vor knapp 200 Jahren eingeführt. Die ersten Vorläufer gab es allerdings schon vor ungefähr 400 Jahren. Heutzutage stehen in Deutschland etwas mehr als 100 000 Briefkästen. In der Regel muss man nicht weiter als 1 km bis zum nächsten Briefkasten laufen.

Bearbeite das Arbeitsblatt „Der Briefkasten und der Weg dahin".

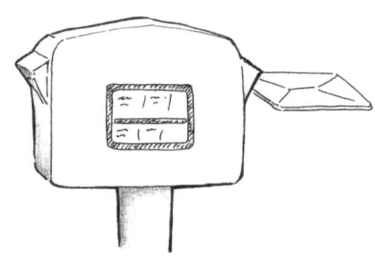

 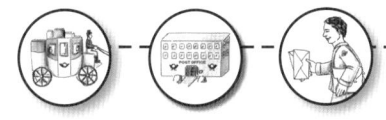

Der Weg eines Briefes

Einen Brief zu schreiben oder zu lesen macht meistens sehr viel Spaß. Aber wie kommt der Brief vom Absender zum Empfänger? Was passiert auf dem Weg?

Schneide die Kärtchen aus. Sortiere dann die Bilder in die richtige Reihenfolge und lege den dazugehörigen Text unter das Bild. Klebe die Kärtchen auf ein Blatt.

Zusatzaufgabe:
Schreibe in Stichpunkten den Weg eines Briefes in dein Heft!
Schreibe so: Brief schreiben, Brief einwerfen usw.

 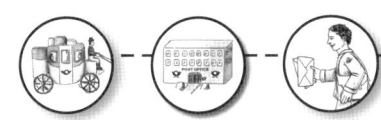

Briefgeheimnis und Briefsiegel

Du darfst einen Brief nur öffnen, wenn dein Name darauf steht, also dieser wirklich an dich gerichtet ist. Sonst verstößt du gegen das Briefgeheimnis, das schon sehr alt ist und als Grundrecht im Grundgesetz steht.
Um zu verhindern, dass Briefe von jemand anderem gelesen werden, werden sie manchmal mit einem Siegel verschlossen. Du kannst dir ein solches Siegel selbst basteln.

Nimm ein kleines Stück Knete und forme es auf der Unterlage zu einer dünnen Scheibe. Drücke ein rundes Metallstück, eine Geldmünze, einen Knopf, einen Stempel oder Ähnliches in die Knete.

Fertig ist dein Siegel!

 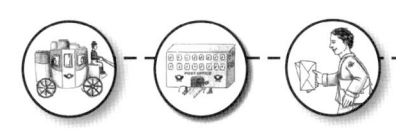 

Geburt der Briefmarke

Wenn du einen Brief oder eine Postkarte verschicken willst, musst du vorher als Absender eine Briefmarke (auch Postwertzeichen genannt) kaufen.
Aber war das schon immer so?

Bearbeite das Arbeitsblatt „Geburt der Briefmarke".

 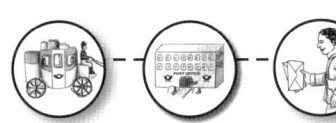 

Briefmarken und Poststempel – Forscheraufgabe

Sicher hat jeder von euch schon einmal einen Brief bekommen oder abgeschickt. Deswegen wisst ihr, dass auf jedem Brief, der mit der Post befördert wird, eine Briefmarke und ein Stempel zu sehen sind. Erkundigt euch in Büchern, im Internet oder in einer Postfiliale über Briefmarken und Stempel. Schreibt oder malt eure Informationen sorgfältig auf. Gestaltet in der Klasse eine Ausstellung zum Thema „Briefmarken und Poststempel"!

Diese Fragen helfen euch:
- Wo und wie gibt es Briefmarken zu kaufen?
- Welche Briefmarken gibt es und gibt es besondere Briefmarken?
- Was steht auf einer Briefmarke?
- Warum sammeln manche Menschen Briefmarken?
- Wie kann man eine Sammlung anlegen?
- Was verrät uns der Poststempel und gibt es verschiedene Stempel?

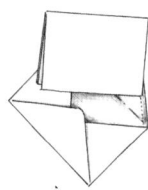 

Name: _____ Datum: _____

Briefzustellung früher und heute (1)

Lies den Text aufmerksam und ergänze die Lücken.
Die richtigen Wörter findest du auf der zweiten Seite unter dem Text.
Vergleiche hinterher mit einem Partner.

Altertum – Ägypten

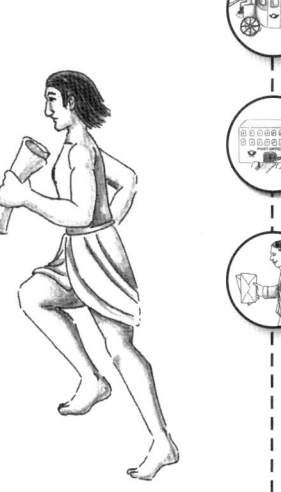

Schon bei den _____ wurden Nachrichten

über größere Entfernungen durch Boten überbracht.

Da sie weite _____ zu Fuß zurücklegen

mussten, dauerte die Übermittlung sehr lange.

Der bekannteste Bote der Geschichte lief einer

griechischen Legende nach ca. 500 v. Chr. von der Stadt

Marathon nach _____ . Bei den Römern gab es

Wechselstationen (mutatio posita) oder Raststationen

(mansio posita), an denen _____ übernachteten

oder Pferde auswechselten. Daher stammt das heutige

Wort „Post".

Antike – Römer und Griechen

Mittelalter

Im Mittelalter wurden Nachrichten erst von Mönchen,

später von Berufsboten übermittelt. Wie bei den Römern

war das Postwesen zunächst nur für amtliche und

militärische Zwecke gedacht. Ab 1490 war es durch die

Adelsfamilie Thurn und Taxis möglich, _____

zu transportieren.

Schwarz und Gelb waren die Farben des Kaisers Maximilian.

So war die Post als „kaiserlich" zu erkennen. Die Farbe Gelb

wurde als Signalfarbe beibehalten.

13

Name: ______________________ Datum: ______________

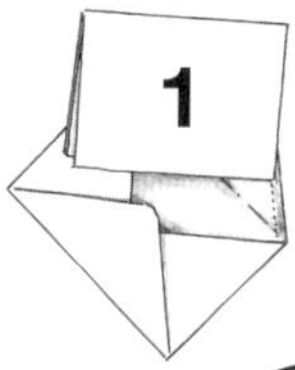
1

Briefzustellung früher und heute (2)

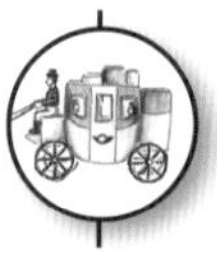

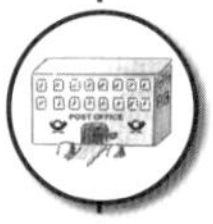

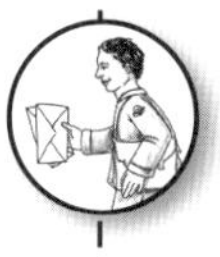

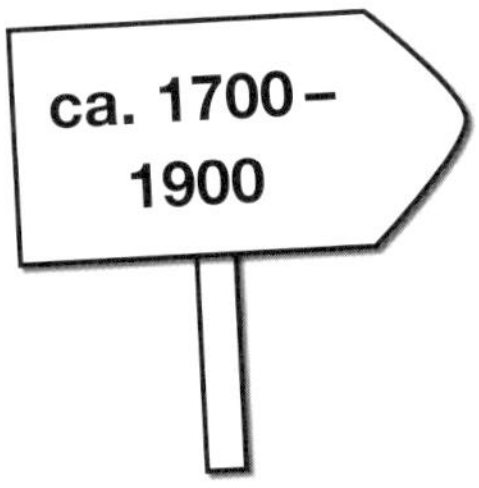
ca. 1700 –
1900

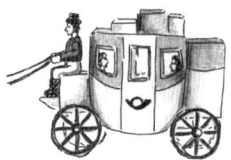

Der eigentliche Beginn der heutigen Post: Mit der Postkutsche wurden Postsendungen, Waren und Personen ______________ .

Sie war ein beliebtes, aber gefährliches Reisemittel. Postkutschen wurden oft ______________ .

1710 gab es den ersten Briefträger und 1840 wurde die ______________ erfunden.

Von da an musste der Absender die Gebühren bezahlen und nicht mehr der ______________ .

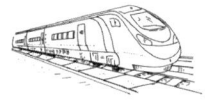

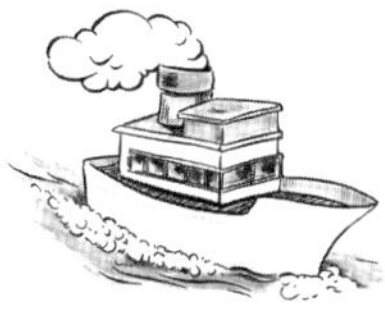

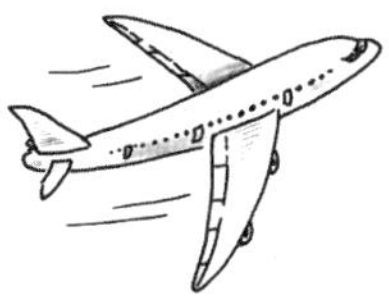

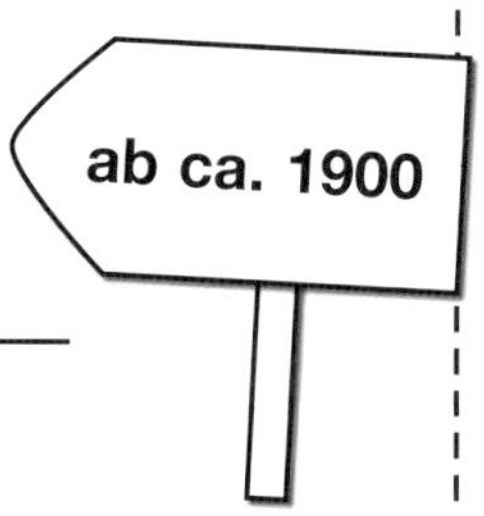
ab ca. 1900

Zu Beginn des 20. Jahrhunderts gab es viele technische Neuerungen wie Autos, die Eisenbahn, von Maschinen angetriebene Schiffe, den Zeppelin und Flugzeuge, mit denen die Postsendungen ______________ und ______________ übermittelt werden konnten.

Heute /
Gegenwart

Heute gibt es nicht mehr nur die ______________ ______________ , die Sendungen transportiert und zustellt, sondern auch viele andere Anbieter, wie z. B. DHL, Hermes, TNT, Stadtboten, DPD oder GLS.

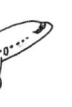

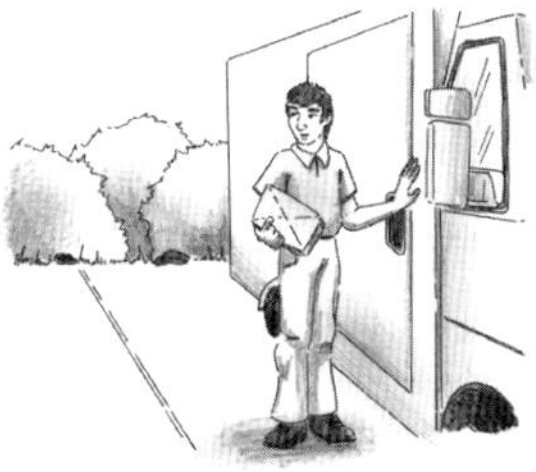

Täglich werden von der Deutschen Post AG mehr als 72 Millionen Briefe und 2,5 Millionen Pakete bearbeitet.

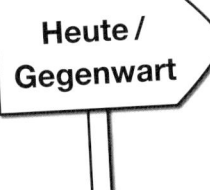

Diese Wörter helfen dir:

befördert – Privatpost – Empfänger – Strecken – weltweit – Boten – schnell – Deutsche Post – überfallen – Ägyptern – Briefmarke – Athen

BVK LW64 • Melanie Scheidweiler: Lernwerkstatt „Post früher und heute“

Name: _____ Datum: _____

Posthorn, Postillion und Briefträger

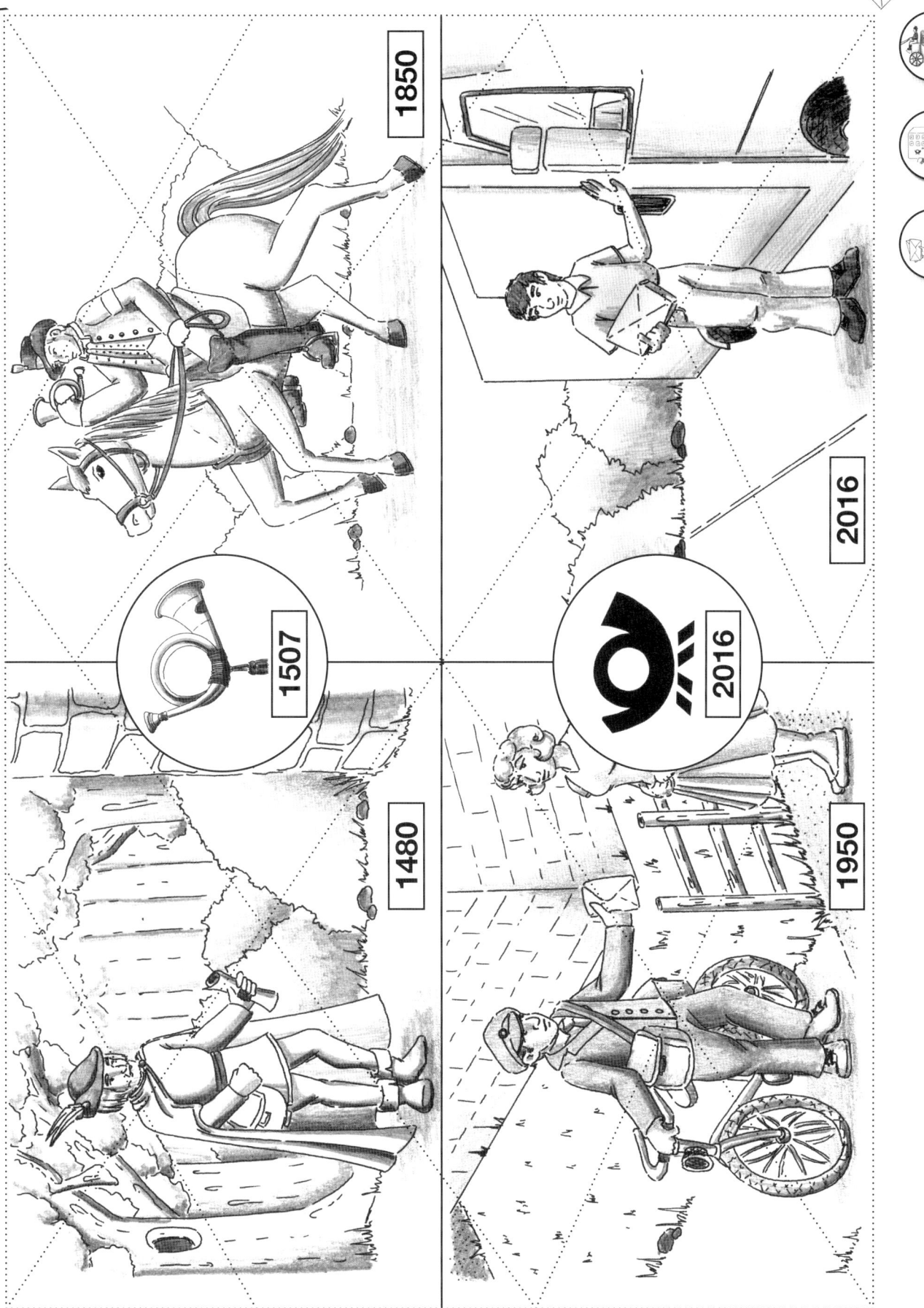

Name: _____ Datum: _____

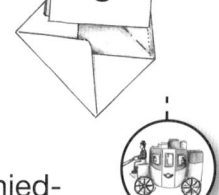

Die Post – ein wichtiger Nachrichtenübermittler

Nachrichten werden mit Hilfe der Post weltweit verschickt. Um die vielen unterschiedlichen Sendungen zu bearbeiten, gibt es viele verschiedene Tätigkeiten und Transportmittel bei der Post. Außerdem kannst du in den meisten Postfilialen mehr als nur Briefmarken kaufen.

Was weißt du über die Post? Fülle die Mind-Map aus, indem du Stichpunkte zu den fünf Oberbegriffen notierst. Du kannst auch mit einem Partner gemeinsam überlegen oder dich zusätzlich in Büchern oder im Internet informieren.

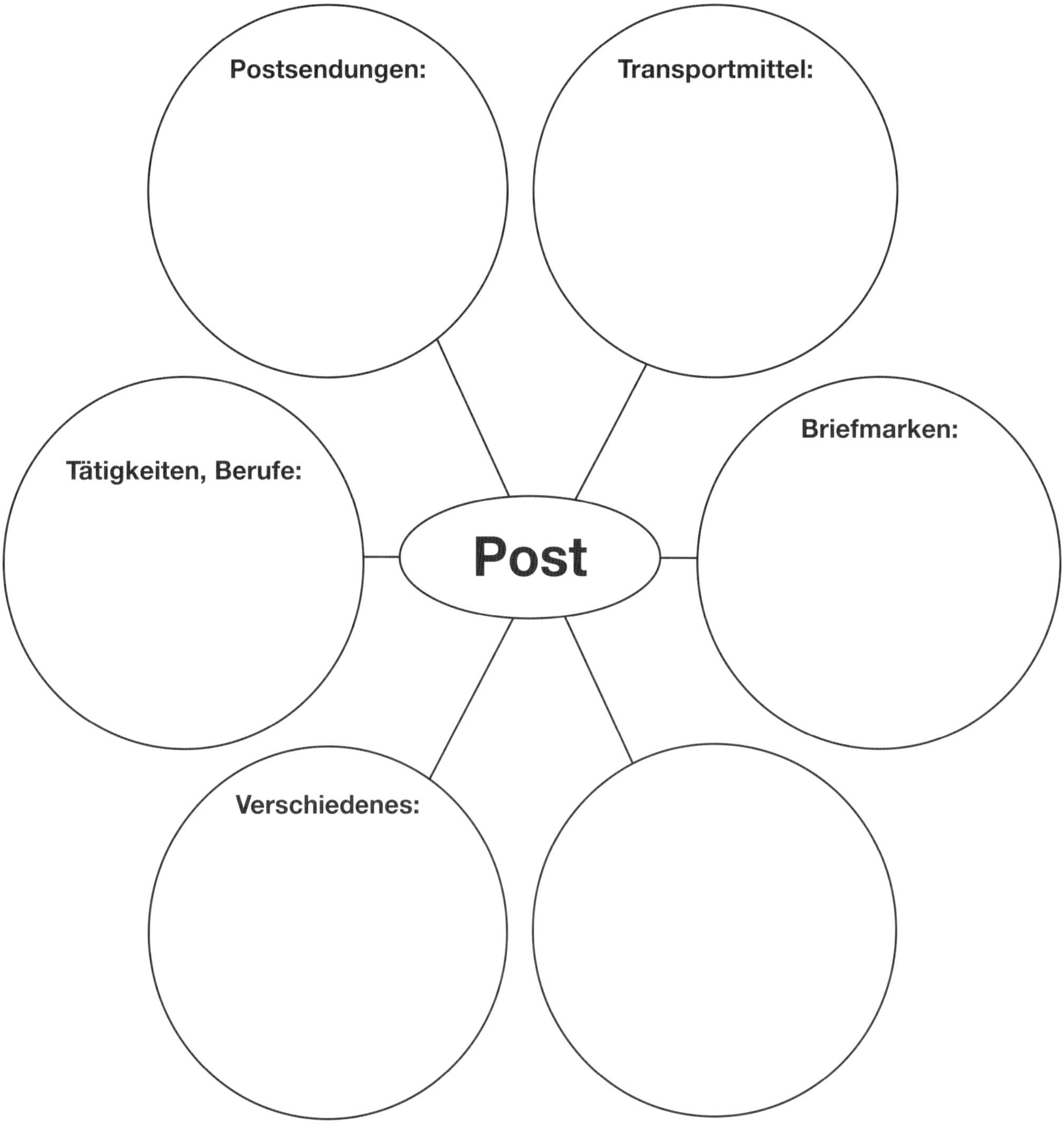

Postsendungen:

Transportmittel:

Tätigkeiten, Berufe:

Briefmarken:

Post

Verschiedenes:

Name: _____ Datum: _____

Tätigkeiten bei der Post und der Beruf des Postboten

Tätigkeiten bei der Post
Bestimme die Satzglieder durch farbiges Unterstreichen:
(Nimm die hier vorgegebenen Farben oder die, die ihr in der Klasse vereinbart habt.)

Subjekt:	Wer oder was?	Grün
Prädikat:	Was macht oder tut jemand?	Rot
Dativobjekt:	Wem oder was?	Gelb
Akkusativobjekt:	Wen oder was?	Blau

1) Der Postmitarbeiter leert den Briefkasten.

2) Der Schalterbeamte verkauft einer Frau Briefmarken.

3) Der Postbankangestellte erklärt einem Kunden das Postsparbuch.

4) Der Briefträger sortiert die Briefe und stellt sie dem Empfänger zu.

5) Die Postdetektive erhalten und bearbeiten falsch adressierte Briefe.

6) Der Pilot fliegt das DHL-Flugzeug.

7) Der Fernfahrer belädt den LKW.

Beruf des Postboten
Es gibt auf der Welt viele Orte, die nicht mit dem Auto oder dem Fahrrad zu erreichen sind. Aber die Menschen dort bekommen auch Post. Dann benutzt der Postbote außergewöhnliche Transportmittel.

Lies die Sätze durch und zeichne dazu jeweils ein Bild.

In Österreich fährt der Postbote im Winter oft zu einigen Häusern mit den Skiern.

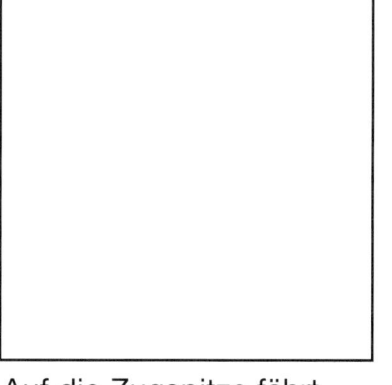

Auf die Zugspitze fährt der Postbote jeden Tag mit dem Sessellift.

In Australien wird die Post mit dem Flugzeug zu vielen Menschen gebracht, weil die Orte Hunderte von Kilometern auseinander liegen.

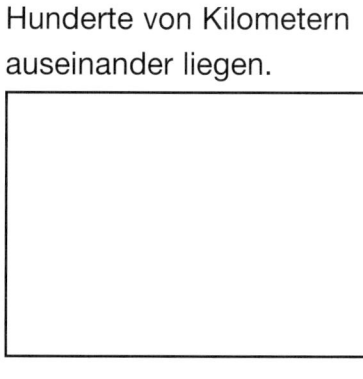

Berufsalltag – Schaltermitarbeiter und Briefzusteller

6.00 Uhr Um kurz vor 6.00 Uhr betritt der Briefzusteller das Postgebäude. An seinem Arbeitsplatz sortiert er die Postsendungen in der Reihenfolge, in der er später die Briefe zustellt.	**8.30 Uhr** Der Schaltermitarbeiter betritt das Postgebäude und bereitet seinen Platz vor. Er legt die Geldkassette und den Wertzeichengeber ein und bedient den ersten Kunden.
8.15 Uhr Nach einer kurzen Frühstückspause steckt der Briefträger alle wichtigen Utensilien wie Stift, Formulare und Haustürschlüssel in seine Posttasche.	**10.00 Uhr** Der Schaltermitarbeiter informiert seinen Kollegen und macht im Mitarbeiterzimmer eine kurze Frühstückspause.
8.30 Uhr Der Briefzusteller fährt mit dem Fahrrad oder mit dem Auto oder geht zu Fuß mit dem Postkarren zu dem ersten Haus auf seiner Tour.	**12.30 Uhr** Der Mitarbeiter verkauft viele Briefmarken und nimmt Päckchen an. Anschließend macht er eine kurze Mittagspause.
10.15 Uhr Der Briefzusteller hält mit dem Fahrrad an einem Ablagekasten an und belädt sein Fahrrad neu, weil morgens nicht alles auf sein Fahrrad passt.	**13.00 Uhr** Nach der Mittagspause holt der Postwagen die Pakete, Päckchen und Briefe ab und bringt sie zum Hauptpostamt. Kunden holen später mit der Benachrichtigungskarte Sendungen im Postamt ab, weil sie nicht zu Hause waren.
13.30 Uhr Der Briefträger stellt den letzten Brief auf seiner Tour zu und fährt oder geht wieder zum Postgebäude.	**14.30 Uhr** Der Nachmittag ist ähnlich wie der Vormittag. Der Postmitarbeiter verkauft wieder viele Briefmarken, nimmt Pakete an und informiert Kunden über Nachsende- und Lagerungsaufträge.
14.20 Uhr Nach einer kurzen Pause bearbeitet er die nicht zugestellten Sendungen. Kurz vor halb drei hat der Briefzusteller Feierabend.	**16.30 Uhr** Gegen 16.30 Uhr räumt der Postmitarbeiter seinen Platz auf. Sein Kollege, der erst um 11.00 Uhr angefangen hat, arbeitet noch bis 19.00 Uhr weiter. Am nächsten Tag beginnt der Postmitarbeiter später und arbeitet länger.

Name: _____ Datum: _____

Im Postgebäude

Auf den zwei Bildern seht ihr ein Postgebäude. Im linken Teil befindet sich der Schalterbereich und im rechten Teil ist das Briefzentrum untergebracht. Die Postmitarbeiter haben in beiden Bereichen alle Hände voll zu tun. Da kann schon einmal etwas schiefgehen und es passieren Fehler. Im ersten Moment sehen die Bilder genau gleich aus. Aber wenn du genau hinschaust, entdeckst du im unteren Bild 10 Fehler. Kreise sie ein. Dann kannst du das obere Bild ausmalen.

Name: _____ Datum: _____

Der Briefkasten und der Weg dahin

Ein Postbriefkasten ist ein öffentlich zugänglicher Behälter, der zum Aufbewahren von Postsendungen dient. Er ist mit einer Klappe oder einem Schlitz zum Einwerfen oder Einlegen versehen und in der Regel regensicher. Briefkästen können unterschiedliche Formen und Farben haben, in Deutschland sind sie gelb. Auf allen Briefkästen stehen die Leerungszeiten. Ein roter Punkt bedeutet, dass dieser Briefkasten auch sonntags geleert wird.

Leerungszeiten		Deutsche Post	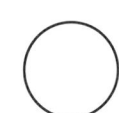
	Tagesleerung	Spätleerung	Nachtleerung
Montag – Freitag	12:00 15:30 17:15	18:30	21:00
Samstag	12:30		
Sonntag	10:30		21:00

Sendungen aus allen Tages- und Spätleerungen erreichen die Empfänger bundesweit in der Regel mit der nächsten Zustellung. Bei Nachtleerungen gilt dies nur für Sendungen, deren Postleitzahl mit den Ziffern 10 beginnt.

Briefkästen mit späteren Leerungen			
	letzte Tagesleerung	Spätleerung	Nachtleerung
Montag – Freitag	Kollwitzstr. 86 17:30 10435 Berlin		Danziger Str. 63 21:15 10435 Berlin
Samstag	Kollwitzstr. 86 14:30 10435 Berlin		
Sonntag			Danziger Str. 63 21:15 10435 Berlin
Adresse Briefzentrum		Standort: Marienburger Str. 1, 10405 Berlin	

1) Male den Punkt oben in der richtigen Farbe an.

2) Wann ist die letzte Leerung am Dienstag? _____

3) Wie oft wird dieser Briefkasten am Freitag geleert? _____

4) Wie heißt der Standort des Briefkastens? _____
_____

5) Um wie viel Uhr ist die Nachtleerung in der Danziger Straße 63? _____

6) Beschreibe den Weg von deinem Zuhause zum nächsten Briefkasten. Schreibe in dein Heft. Schreibe auch die Leerungszeiten und die Sonntagsleerung dazu.
   Tipp: Unter *www.deutschepost.de* kannst du den nächsten Briefkasten suchen.

Name: _____ Datum: _____

Der Weg eines Briefes

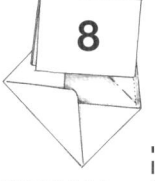

Die Säcke oder Kisten werden zum Postgebäude gebracht.	Der Briefträger wirft den Brief in den Hausbriefkasten beim Empfänger ein.	Der Brief wird geschrieben. Der Umschlag wird beschriftet und eine Briefmarke aufgeklebt.
Der Empfänger liest den Brief.	Dort sortiert der Briefträger seine Sendungen nach den Straßen und Hausnummern, an denen er entlanggeht.	Mit verschiedenen Transportmitteln gelangen die Briefe zum Bestimmungsort.
Der Briefkasten wird geleert. Die Briefe fallen in Säcke oder Kisten.	Der Brief wird in den Briefkasten geworfen oder zum Schalter gebracht.	Die Briefe werden mit einer Sortiermaschine gestempelt und nach Ländern und Postleitzahlen sortiert.

Name: _____ Datum: _____

Geburt der Briefmarke

1) Lies den Text aufmerksam und unterstreiche wichtige Stellen.

Briefmarken gibt es erst seit ungefähr 175 Jahren. Vorher wurde das Porto vom Empfänger bezahlt. Oftmals aber waren ihm die Gebühren zu teuer. Der Bote hatte dann den Weg umsonst zurückgelegt.
Aus diesem Grund überlegte sich der englische Postfachmann Sir Rowland Hill, dass

Schwarze Einser

das Porto im Voraus vom Absender bezahlt werden sollte, und er erfand 1840 die Briefmarke. Die erste Briefmarke der Welt war die „One Penny Black", die die britische Königin Victoria zeigte.
1849 gab es die erste Briefmarke in Deutschland, die „Schwarze Einser". Von da an wurde das Briefeschreiben billiger und auch arme Menschen konnten es sich leisten.

Wenig verändert hat sich das Aussehen der Briefmarken. Sie sind meistens rechteckig und bunt und haben einen gezackten Rand. Es gibt sie selbstklebend oder zum Ablecken mit einer Gummierung. Nachdem sie auf den Brief geklebt sind, werden sie mit einem Poststempel entwertet, damit sie nur einmal verwendet werden können.
Auf Briefmarken sind in Deutschland das Land, das Ausgabejahr, der Wert und ein Motiv zu erkennen. Als Motive werden z. B. berühmte Personen, Ereignisse oder Sehenswürdigkeiten gewählt. Oft gibt es zu besonderen Anlässen auch sogenannte Sondermarken. Bekannte und sehr begehrte Briefmarken sind neben der „One Penny Black" die „Blaue Mauritius", die „Rote Mauritius", die „Schwarze Einser" und die gelbe „Tre Skilling Banco". Diese ist mit ca. 1,8 Millionen Euro die teuerste Marke der Welt, es gibt sie nur einmal.

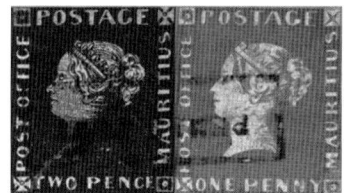
Blaue Mauritius   Rote Mauritius

Aber ist die traditionelle Briefmarke noch aktuell?
Inzwischen gibt es Briefmarken mit Duft, Frankiermaschinen, Handyporto oder Internetmarken zum Selbergestalten.

2) Beantworte die Fragen.
   a) Wer bezahlte vor 175 Jahren das Porto für einen Brief?

   _____

   b) Was ist auf einer Briefmarke zu erkennen?

   _____

3) Überlege dir drei weitere Fragen und stelle sie einem Mitschüler.

4) Zeichne auf ein weißes Blatt eine eigene Briefmarke.

Lösungen

zu S. 13 / 14: „Briefzustellung früher und heute"
Ägyptern, Strecken, Athen, Boten, Privatpost, befördert, überfallen, Briefmarke, Empfänger, schnell, weltweit, Deutsche Post

zu S. 18: „Berufsalltag – Schaltermitarbeiter und Briefzusteller"
Briefzusteller:
6.00 Uhr:	betritt – betreten, sortiert – sortieren, zustellt – zustellen
8.15 Uhr:	steckt – stecken
8.30 Uhr:	fährt – fahren, geht – gehen
10.15 Uhr:	hält an – anhalten, belädt – beladen, passt – passen
13.30 Uhr:	stellt zu – zustellen, fährt – fahren, geht – gehen
14.20 Uhr:	bearbeitet – bearbeiten, hat – haben

Schaltermitarbeiter:
8.30 Uhr:	betritt – betreten, bereitet vor – vorbereiten, legt ein – einlegen, bedient – bedienen
10.00 Uhr:	informiert – informieren, macht – machen
12.30 Uhr:	verkauft – verkaufen, nimmt an – annehmen, macht – machen
13.00 Uhr:	holt ab – abholen, bringt – bringen, holen ab – abholen, waren – sein
14.30 Uhr:	ist – sein, verkauft – verkaufen, nimmt an – annehmen, informiert – informieren
16.30 Uhr:	räumt auf – aufräumen, angefangen hat – anfangen, arbeitet weiter – weiterarbeiten, beginnt – beginnen, arbeitet – arbeiten

zu S. 19: „Im Postgebäude"

Lösungen

zu S. 20: „Der Briefkasten und der Weg dahin"
1) rot; 2) 21:00 Uhr; 3) 5-mal; 4) Marienburger Str. 1, 10405 Berlin; 5) 21:15 Uhr

zu S. 21: „Der Weg eines Briefes"

zu S. 22: „Geburt der Briefmarke"
2) a) der Empfänger,
b) das Land, das Ausgabejahr, der Wert und ein Motiv (z. B. werden berühmte Personen, Ereignisse oder Sehenswürdigkeiten gewählt)